BEI GRIN MACHT SICH IHR WISSEN BEZAHLT

- Wir veröffentlichen Ihre Hausarbeit, Bachelor- und Masterarbeit

- Ihr eigenes eBook und Buch - weltweit in allen wichtigen Shops

- Verdienen Sie an jedem Verkauf

Jetzt bei www.GRIN.com hochladen und kostenlos publizieren

Gesundheitsorientiertes Ausdauertraining

Pia Wilde

Bibliografische Information der Deutschen Nationalbibliothek:

Die Deutsche Nationalbibliothek verzeichnet diese Publikation in der Deutschen Nationalbibliografie; detaillierte bibliografische Daten sind im Internet über http://dnb.d-nb.de abrufbar.

ISBN: 9783346388759
Dieses Buch ist auch als E-Book erhältlich.

Druck und Bindung: Books on Demand GmbH, Norderstedt Germany
Gedruckt auf säurefreiem Papier aus verantwortungsvollen Quellen

Das vorliegende Werk wurde sorgfältig erarbeitet. Dennoch übernehmen Autoren und Verlag für die Richtigkeit von Angaben, Hinweisen, Links und Ratschlägen sowie eventuelle Druckfehler keine Haftung.

Das Buch bei GRIN: https://www.grin.com/document/999845

Deutsche Hochschule für

Prävention und Gesundheitsmanagement

Hermann Neuberger Sportschule 3

66123 Saarbrücken

Einsendeaufgabe

Fachmodul:	Trainingslehre 2
Studiengang:	Gesundheitsmanagement
Datum Präsenzphase:	02.11.2020 - 04.11.2020
Name, Vorname:	Wilde, Pia
Studienort:	**Düsseldorf**
Semester:	**WS19**

Inhaltsverzeichnis

1 Diagnose

1.1 Allgemeine und biometrische Daten

Tab. 1: Allgemeine und biometrische Daten von Frau Mustermann

Allgemeine Daten	
Alter	20
Geschlecht	weiblich
Körpergröße	1.71 m
Körpergewicht	70 kg
Trainingsmotive	- Verbesserung der allgemeinen Ausdauer - Gewichtsreduktion - 5 km Lauf absolvieren
berufliche Tätigkeit	Studentin
sportliche Aktivitäten	Früher: Fußball, Leistungsstufe: Anfänger Aktuell: Ausdauersport, Leistungsstufe: Anfänger (4 Monate)
zeitlicher Verfügungsrahmen	3 Tage die Woche, je 1 Stunde
Biometrische Daten	
Blutdruck	**Ist-Werte:** diastolischer Blutdruck: 71 mmHg systolischer Blutdruck: 120 mmHg **Normwerte:** diastolischer Blutdruck: < 85 mmHg systolischer Blutdruck: < 130 mmHg
Ruhepuls	**Ist-Wert:** 64 Schläge pro Minute (S/min) **Normwerte:** Durchschnittsbürger: 60-80 S/min Gut trainierte Sportler: 50- 60 S/min
Allgemeiner Gesundheitszustand	
orthopädische und internistische Probleme	keine
ärztliche Behandlungen	keine
Einnahme von Medikamenten	keine
gesundheitliche Einschränkungen	keine

Die Datensammlung von Frau Mustermann gibt folgenden Aufschluss:

Sie ist 20 Jahre alt und wiegt 70 kg bei einer Körpergröße von 1.71 m.

Ihre Trainingsmotive sind folglich eine Verbesserung ihrer allgemeinen Ausdauer, sowie eine Gewichtsreduktion. Zudem möchte sie einen 5 km Lauf absolvieren können. Beruflich ist Frau Mustermann aktuell Studentin und ihr Tagesablauf ist daher eher von sitzenden Tätigkeiten geprägt. Dennoch hält sie sich durch den Ausdauersport 2 Mal die Woche für 1 Stunde fit.

Wie in Tabelle 2 zu erkennen ist, liegt Frau Mustermann mit einem Blutdruckwert von 120/71 mmHg im Normalbereich und es liegt somit keine Gefahr hinsichtlich des Ausdauertrainings vor. Zudem liegt der Ruhepuls bei 64 Schlägen die Minute und ist somit im Normbereich eines durchschnittlichen Erwachsenen. Des Weiteren gibt es keine sonstigen gesundheitlichen Einschränkungen und der allgemeine Gesundheitszustand weist keine Probleme auf, sodass der Trainingsplan unter optimalen Bedingungen erstellt werden kann.

Tab. 2: Blutdruckklassifikation (modifiziert und übersetzt nach American Heart Association, 2017)

Bewertungsstufen	systolischer Blutdruck		diastolischer Blutdruck
normal	< 120	und	< 80
erhöht	120 - 129	und	< 80
Bluthochdruck (Hypertonie Stufe 1)	130 - 139	oder	80 - 89
Bluthochdruck (Hypertonie Stufe 2)	140 oder höher	oder	90 oder höher
Hypertensive Krise	> 180	und/oder	> 120

1.2 Leistungsdiagnostik/Ausdauertestung

Für das bevorstehende Testverfahren gilt es nun einen geeigneten Test auszuwählen. Unter Betrachtung und Auswertung der biometrischen Daten von Frau Mustermann wurde der Hollmann-Venrath-Test ausgewählt. Mit einem Ruhepuls von 64 S/min und einem 2-maligen Ausdauertraining von ca. 60 min pro Woche wurde Frau Mustermann als eine normal leistungsfähige Frau eingestuft.

Die Zielpersonen des Hollmann-Venrath-Test sind durchschnittlich bis gut trainierte Personen, zu denen Frau Mustermann gehört. Die Eingangsstufe liegt bei 30 Watt und wird alle drei Minuten um jeweils 40 Watt erhöht. Die Zielherzfrequenz liegt bei 150 S/min (145 S/min plus ein Zuschlag von 5 S/min), da Frau Mustermann 2-mal ca. 60 Minuten Ausdauertraining pro Woche betreibt (siehe Tab. 3-4).

Tab. 3: Voreinstufung nach Ruheherzfrequenz und Lebensalter (modifiziert nach Trunz, 2004)

RHF/Alter	<20	20-39	30-39	40-49	50-59	60-69	>70
50-59 S/min	145 S/min	140 S/min	135 S/min	125 S/min	120 S/min	115 S/min	110 S/min
60-69 S/min	145 S/min	145 S/min	135 S/min	130 S/min	125 S/min	120 S/min	115 S/min
70-79 S/min	150 S/min	145 S/min	140 S/min	135 S/min	130 S/min	125 S/min	120 S/min

Tab. 4: Voreinstufung unter zusätzlicher Berücksichtigung der Trainingshäufigkeit ausdauerrelevanter Aktivitäten (modifiziert nach Trunz, 2001)

Trainingszustand	Trainingshäufigkeit/ Woche	Stunden/Woche	Pulsaufschlag
wenig Ausdauertraining	1-2 mal	<1 Stunde	kein Aufschlag
moderates Ausdauertraining	2-3 mal	1-2 Stunden	plus 5 S/min

Tab. 5: Testverlauf von Frau Mustermann

Minute	1	2	3	4	5	6	7	8	9	10	11	12	13	14	15
Watt	30	30	30	70	70	70	110	110	110	150	150	150	190	190	190
Hf	85	89	92	105	110	115	112	122	124	132	135	138	145	149	153

Im Testverlauf (siehe Tab. 5) ist zu erkennen, dass Frau Mustermann fünf Belastungsstufen vollständig durchfahren hat, bis sie einschließlich 190 Watt erreicht hat. Dort erreichte sie die nach IPN definierte Pulsobergrenze von 150 S/min nach einer Dauer von 15 Minuten. Danach wurde der Test beendet. Durch die Berechnung der maximal erbrachten Wattzahl (190 Watt) durch das eigene Körpergewicht (70 kg) ergibt sich eine Leistung von 2,71 (auf 2 Stellen nach dem Komma gerundet).

4

Vergleicht man diesen Wert mit der Normtabelle der IPN (siehe Tab. 6) liegt Frau Mustermann auf der höchsten Stufe der Bewertungsskala.

Tab. 6: Relative Watt-Soll-Leistung (pro Kg) bei Frauen (modifiziert nach IPN, 2004, S.8)

Faktor/Alter	<30	30-34	35-39	40-44	45-49	50-54	55-59	Ab 60	Bewertung
0,65	2,40	2,28	2,16	2,04	1,92	1,80	1,68	1,56	+
0,66	2,60	2,47	2,34	2,21	2,08	1,95	1,82	1,69	++
0,67	2,80	2,66	2,52	2,38	2,24	2,10	1,96	1,82	++

1.3 Gesundheits- und Leistungsstatus der Person

Der Gesundheits- und Leistungszustand von Frau Mustermann ist im Hinblick auf die Belast-barkeit sehr gut. Sie hat keine Erkrankungen oder gesundheitlichen Beschwerden, die Einfluss auf die Trainingsplanung haben könnten. Zudem liegt Frau Mustermann bei einem Trainings-zustand eines Trainierten, welches durch den Hollmann-Venrath-Test ermittelt worden ist. Ihr Ruhepuls von 64 S/min entspricht dem Wert eines Durchschnittbürgers und ihre Blutdruck-werte liegen im Normalbereich (siehe Tab. 1-2).

2 Zielsetzung/Prognose

Zu Beginn in der Anamnese hat Frau Mustermann mehrere Wünsche geäußert, die als Trai-ningsmotive notiert worden sind und im Folgenden für die Zielsetzung benötigt werden. Im Vordergrund dessen steht eine Verbesserung der allgemeinen Ausdauer, gefolgt von einer Ge-wichtsreduktion und das Absolvieren eines 5 km Laufs. Auf der Grundbasis dieser Wünsche wurden in folgender Tabelle drei Ziele für Frau Mustermann festgelegt, die das Ausmaß und die Zeit bestimmt.

Tab. 7: Zielsetzung von Frau Mustermann

Inhalt	Ausmaß	Zeit
1. Verbesserung der allgemeinen Ausdauer	Ist-Wert: 5 Soll-Wert: 7 (subjektives Empfinden auf einer Skala von 1 (Ungeübter) bis 10 (Leistungssportler))	3 Monate
2. Abnahme des Gewichts	Ist-Wert: 70 kg Soll-Wert: 65 kg	2 Monate
3. Absolvieren eines 5 km Laufs in 30 Minuten	Ist-Wert: 43 Minuten Soll-Wert: 30 Minuten	3 Monate

Um den Ausgangspunkt von Frau Mustermann besser bestimmen zu können, sollte sie ihre aktuelle, allgemeine Ausdauer auf einer Skala von 1 (Ungeübter) bis 10 (Leistungssportler) einschätzen. Sie befindet sich derzeit mittig bei einem Wert von 5, und möchte innerhalb eines Quartals auf den Wert 7 kommen, Richtung Leistungssportler.

Aufgrund ihrer aktuellen Gesundheitslage und Trainingserfahrung ist dieses Ziel erreichbar und gut angesetzt für drei Monate.

Das zweite Ziel ist die Abnahme des Gewichts und basiert auf dem Ziel der Gewichtsreduktion von Frau Mustermann. Sie liegt aktuell bei einem Körpergewicht von 70 kg, was laut dem Body Mass Index (BMI) mit einem Wert von 23,9 noch dem Normalgewicht (19-25) entspricht, die Tendenz aber schon in den leicht übergewichtigen (25-30) Bereich geht. Daher möchte Frau Mustermann innerhalb von zwei Monaten etwa 5 kg weniger Körpergewicht aufweisen können. Angesichts ihrer körperlichen Verfassung ist der Wert erreichbar, denn laut dem Ernährungscoach Brian St. Pierre (2020) ist es gesund und realistisch, dass ein Mensch etwa 0,5 - 1% seines Körpergewichts in der Woche verlieren kann. Dementsprechend kann Frau Mustermann etwa 0,36 - 0,71 kg pro Woche an Körpergewicht verlieren.

Zuletzt erwähnte Frau Mustermann das Ziel an einem 5 Kilometerlauf teilzunehmen. Der 5 Kilometerlauf, an dem sie teilnehmen möchte, findet in 3 Monaten statt. Eine Strecke von 5 Kilometern ist sie bereits mehrmals gelaufen und benötigte hierfür 43 Minuten. Zusammen wurde eine Zielsetzung von 30 Minuten für die 5 km innerhalb von 12 Wochen gesetzt. Aufgrund ihrer bereits gesammelten Erfahrungen des Laufens ist das Ziel definitiv gut erreichbar.

3 Trainingsplanung Mesozyklus

3.1 Grobplanung Mesozyklus

Tab. 8: Grobplanung Mesozyklus

Dauer	6 Wochen
Übergeordnete spezifische Trainingszielsetzung für das Ausdauertraining und den zu entwickelnden Ausdauertrainingsplan	Entwicklung der Grundlagenausdauer
Angestrebter wöchentlicher Gesamttrainingsumfang in Minuten bzw. Stunden	2-3 Stunden
Vorgesehene Trainingsmethoden für den Mesozyklus	extensive Dauermethode intensive Dauermethode extensive Intervallmethode
Vorgesehene Belastungsintensitäten für den Mesozyklus (Pulsober- und -untergrenzen) in Prozent von der maximalen Herzfrequenz (% Hf max) oder in Prozent von der Herzfrequenzreserve (% Hf Reserve)	extensive Dauermethode: 60-70% Hf max / 45-65% Hf reserve intensive Dauermethode: 75-85% Hf max / 65-80% Hf reserve extensive Intervallmethode: 80-90% Hf max / 70-85% Hf reserve
Trainingshäufigkeit pro Woche	3x pro Woche
Trainingsdauer für die Trainingseinheiten	extensive Dauermethode: 30-60 Minuten intensive Dauermethode: 30-60 Minuten extensive Intervallmethode: 40-60 Minuten
Vorgesehene Ausdauertrainingsgeräte bzw. Bewegungsformen	Laufband, Fahrradergometer, Rudergerät

3.2 Detailplanung Mesozyklus

Tab. 9: Detailplanung Mesozyklus

Woche 1	Montag	Mittwoch		Woche 2	Montag	Mittwoch	Samstag
Trainings-ziel	Grundla-genaus-dauer 1 (GA 1)	GA 1		Trainings-ziel	GA 1	GA 1	Regene-ration
Trainings-methode	exten-sive Dauer-methode	extensive Dauerme-thode		Trainings-methode	extensive Dauer-methode	extensive Dauerme-thode	extensive Dauerme-thode
Trai-ningsin-tensität	60-70% Hf max	60-70% Hf max		Trai-ningsin-tensität	60-70% Hf max	60-70% Hf max	60-70% Hf max
Trainings-herzfre-quenzen	118 -138	118-138		Trainings-herzfre-quenzen	118-138	118-138	118-138
Trainings-dauer	30 min	45 min		Trainings-dauer	45 min	60 min	60 min
Ausdauer-gerät	Fahrrad-ergome-ter	Fahrrader-gometer		Ausdauer-gerät	Fahrrad-ergome-ter	Laufband	Laufband
Woche 3	Montag	Mittwoch	Samstag	Woche 4	Montag	Mittwoch	Samstag
Trainings-ziel	GA 1	GA 1	Regene-ration	Trainings-ziel	GA 1	GA 1	GA 1
Trainings-methode	exten-sive Dauer-methode	intensive Dauerme-thode	extensive Dauerme-thode	Trainings-methode	extensive Dauer-methode	intensive Dauerme-thode	intensive Dauerme-thode
Trai-ningsin-tensität	60-70% Hf max	75-85% Hf max	60-70% Hf max	Trai-ningsin-tensität	60-70% Hf max	75-85% Hf max	75-85% Hf max
Trainings-herzfre-quenzen	118 -138 S/min	148-168 S/min	118 -138 S/min	Trainings-herzfre-quenzen	118-138 S/min	148-168 S/min	148-168 S/min
Trainings-dauer	60 min	30 min	60 min	Trainings-dauer	60 min	45 min	30 min
Ausdauer-gerät	Lauf-band	Fahrrader-gometer	Laufband	Ausdauer-gerät	Laufband	Fahrrader-gometer	Laufband
Woche 5	Montag	Mittwoch	Samstag	Woche 6	Montag	Mittwoch	Samstag

Trainings-ziel	GA 1	Grundaus-dauer 2 (GA 2)	GA 1	Trainings-ziel	GA 1	GA 1	Regene-ration
Trainings-methode	intensive Dauer-methode	extensive Intervallme-thode	extensive Dauerme-thode	Trainings-methode	intensive Dauer-methode	extensive Dauerme-thode	extensive Dauerme-thode
Trai-ningsin-tensität	75-85% Hf max	80-90% Hf max	60-70% Hf max	Trai-ningsin-tensität	75-85% Hf max	60-70% Hf max	60-70% Hf max
Trainings-herzfre-quenzen	148-168 S/min	158-178 S/min	118-138 S/min	Trainings-herzfre-quenzen	148-168 S/min	118-138 S/min	118-138 S/min
Trainings-dauer	60 min	20 min - 5 Intervalle - 1 Minute Intervall - 4 Minuten Pause	60 min	Trainings-dauer	60 min	30 min	45 min
Ausdauer-gerät	Lauf-band	Fahrrader-gometer	Laufband	Ausdauer-gerät	Fahrrad	Ruderer-gometer	Laufband

3.3 Begründung zum Mesozyklus

Der angestrebte wöchentliche Belastungsumfang liegt in der ersten Woche bei 2 Einheiten und in den folgenden Wochen bei 3 Einheiten, da Frau Mustermann in der ersten Woche einen moderaten Einstieg in das Training bekommen soll. Die darauffolgenden Wochen werden 3 Einheiten pro Woche angestrebt, da Frau Mustermann dies als zeitliche Verfügbarkeit angab.

Die Auswahl der ausgewählten Trainingsmethoden (extensive Dauermethode, intensive Dauermethode, extensive Intervallmethode) wurden ausgewählt, um Abwechslung zu geben und einen Fortschritt der Leistungsfähigkeit zu entwickeln. Die extensive Dauermethode wird genutzt, um eine Stabilisierung und Entwicklung der Grundlagenausdauer und Erhöhung der aeroben Leistungsfähigkeit zu sichern und zudem als Regeneration am Ende des Mesozyklus. Die intensive Dauermethode und extensive Intervallmethode wird im Mesozyklus für eine Erhöhung der aeroben/anaeroben Leistungsfähigkeit (Ferrauti, o. J.) genutzt, um Frau Mustermann an eine höhere Belastung, wie bei einem 5 Kilometerlauf zu gewöhnen.

Die Belastungsprogression ist so gelegt, dass Frau Mustermann von der Belastung her moderat beginnt, um den Körper wieder an das Ausdauertraining zu gewöhnen. Mit der Zeit wird die Belastung gesteigert, um die Leistungsfähigkeit zu steigern. Nach einem intensiven Training (extensive Intervallmethode) wird ein lockeres Training für die Regeneration des Körpers durchgeführt. Zudem sind die Trainingstage so gesetzt, dass der Körper Zeit für die Regeneration hat.

Da Frau Mustermann am Anfang ihres Ausdauertrainings steht, wird im Trainingsbereich Grundlagenausdauer 1 trainiert, um die Grundlagenausdauer zu entwickeln und zu stabilisieren und um die aerobe Leistungsfähigkeit zu erhöhen (Ferrauti, o. J.). Erst ab der 7. Woche werden weitere Trainingseinheiten eingebracht, um an der aeroben/anaeroben Leistungsfähigkeit zu trainieren, um Frau Mustermann an die Belastung am 5 Kilometerlauf zu gewöhnen.

Die Geräte sind auf das Fahrradergometer, Laufband und Ruderergometer festgelegt. Das Fahrradergometer wird zu Beginn genutzt, da es für die Gelenke schonender ist, als andere Ausdauergeräte, da sich die Gelenke an die Belastung gewöhnen sollten. Da Frau Mustermann an einem 5 Kilometerlauf teilnehmen will, wird hauptsächlich das Laufband genutzt, um eine ähnliche Belastung wie beim Wettkampf zu erhalten. Das Ruderergometer wird einmalig genutzt, um Abwechslung zu bieten.

Ab der 7. Trainingswoche ist es geplant die Trainingseinheiten mit einer höheren Belastung durchzuführen, hierfür werden mehr Intervalleinheiten genutzt und die Belastung bei Dauermethodeneinheiten erhöht.

4 Literaturrecherche

Tab. 10: Literaturrecherche Studie 1

Studie 1:	Kardiovaskuläre Effekte eines aeroben versus eines isometrischen Trainings bei arterieller Hypertonie
Wer hat die Studie durchgeführt?	Stergios Vlatsas
In welchem Jahr wurden die Studien publiziert?	2015
Welche Forschungsfrage wurde untersucht?	Wie wirkt sich ein isometrisches Faustschlusstraining gegenüber einem aeroben Training kardiovaskulär bei Patienten mit arterieller Hypertonie aus?

Mit welchen Versuchspersonen wurden die Studien durchgeführt?	70 Patienten mit bekannter arterieller Hypertonie unter einer medikamentösen Therapie oder mit einem Blutdruck >140/90 mmHg ohne medikamentöse Therapie. Ausschlusskriterien: Ausreichende sprachliche Kenntnisse zur unkomplizierten Verständigung, Volljährigkeit, sowie eine Aufklärungs- und Geschäftsfähigkeit.
Wie sah der Versuchsaufbau der Studien aus?	Die Probanden wurden in 3 Gruppen aufgeteilt. **Gruppe 1:** 25 Patienten führten 12 Wochen ein 5-mal wöchentlich 4-zweiminütige Faustschlusskontraktion durch mit einer Gesamtdauer von 8 min pro Training. **Gruppe 2:** Ist die Placebo-Gruppe mit 23 Patienten gewesen, die unverändert die medikamentöse Therapie weiterführte. **Gruppe 3:** 22 Patienten wurden motiviert 5-mal pro Woche 30-45 Minuten ein aerobes Training ihrer Wahl durchzuführen. Bei allen Patienten der Studie wurde die medikamentöse Therapie nicht geändert.
Welche relevanten Ergebnisse und Schlussfolgerungen lieferten die Studien?	Das Faustschlusstraining hatte nach den Messungen keinen Einfluss auf den Blutdruck der Probanden. Das aerobe Training hingegen führte zu einem statisch signifikanten Abfall des Blutdruckes. Ferner erscheint es, dass aerobes Training einen positiven Einfluss auf die Elastizität der Gefäße hat. Es kann die Schlussfolgerung gezogen werden, dass Personen mit Hypertonie bevorzugt ein aerobes Training ausführen sollten, als Faustschlusstraining um einen Abfall des Blutdruckes zu erzielen.

Tab. 11: Literaturrecherche Studie 2

Studie 2:	Auswirkungen von Ausdauer- vs. Krafttraining vs. Kombination Ausdauer-, Krafttraining auf die systemische Hämodynamik, Gefäßelastizität sowie Herzfrequenzvaribilität bei Patienten mit arterieller Hypertonie
Wer hat die Studie durchgeführt?	Anna Lena Bickenbach

In welchem Jahr wurden die Studien publiziert?	2011
Welche Forschungsfrage wurde untersucht?	Wie wirkt sich das reine Ausdauertraining im Vergleich auf ein reines Krafttraining und einer Kombination aus beiden Trainingsformen auf die systemische Hämodynamik, Gefäßelastizität und Herzfrequenzvariabilität bei Patienten mit arterieller Hypertonie aus?
Mit welchen Versuchspersonen wurden die Studien durchgeführt?	55 Probanden; 13 Frauen und 42 Männer Einschlusskriterium: Indikation einer arteriellen Hypertonie Grad 1, anhand einer 24 Stunden Blutdruckmessung evaluiert. Ausgeschlossen wurden Personen, die 12 Wochen vor Beginn der Studie mit antihypertensiver medikamentöser Einstellung behandelt wurden. Sowie Personen mit mittelschwerer bis schwerer Hypertonie, bekannter sekundärer Hypertonie, KHK, Herzinsuffizienz, Herzvitien, höhergradiger Erregungsbildungs- und/oder Erregungsleitungsstörungen am Herzen oder an einen Herzinfarkt bis zu 3 Monate vor der Studie erlitten.
Wie sah der Versuchsaufbau der Studien aus?	Vor und nach dem Trainingsprogramm unterzogen sich die Probanden einer kompletten ärztlichen Untersuchung (Leistungsdiagnostik, Bestimmung von Laborparametern, hämodynamischen Variablen). Nach der der Eingangsuntersuchung wurden die Probanden in vier Trainingsgruppen eingeteilt: Ausdauertrainingsgruppe, Krafttrainingsgruppe, Ausdauer- und Krafttrainingsgruppe, Kontrollgruppe. Die Teilnehmer wurden dazu aufgefordert während der Untersuchungsphase, ihre Ess-, Rauch-, und Trinkgewohnheiten weiter zu führen. Mit Ausnahme der Kontrollgruppe, die kein Trainingsprogramm durchführten, absolvierten die anderen Gruppen ein vorgegebenes Programm (drei Trainingseinheiten pro Woche). Die „aktiven" Gruppen begannen die Trainingseinheiten mit einem fünf-minütigen Warm-up auf dem Fahrradergometer bei 40% ihrer HF-Reserve, danach

	begannen die Probanden ein erstelltes Trainingsprogramm. Zu Beginn des Trainingsprogrammes wurden die Einheiten bei einer Intensität von 50% durchgeführt und alle zwei Wochen um 5% gesteigert, so dass zum Ende eine Intensität von 75% erreicht wurde.
Welche relevanten Ergebnisse und Schlussfolgerungen lieferten die Studien?	Die Ergebnisse der Studie zeigen, dass sich der Blutdruck bei Ausdauertraining nicht so gut reduzieren lässt, wie es beim Krafttraining der Fall ist. Dennoch zeigt die Kombination von Kraft- und Ausdauertraining bessere Resultate als die alleinige Ausübung von Kraft- oder Ausdauertraining. Veränderungen sind im Bereich Gefäßelastizität nicht ermittelt worden. Schlussfolgernd ist eine Kombination von Kraft- und Ausdauertraining bei Hypertonie bei Berücksichtigung von Trainingsumfang, Schwere der Hypertonie und Alter empfehlenswert.

5 Literaturverzeichnis

Bickenbach, A.L., (2011) *Auswirkungen von Ausdauer- vs. Krafttraining vs. der Kombination Ausdauer-/Krafttraining auf die systemische Hämodynamik, Gefäßelastizität sowie Herzfrequenzvariabilität bei Patienten mit arterieller Hypertonie*. Deutsche Sporthochschule Köln, Köln

Ferrauti, A. *Ausdauertraining*. Ruhr-Universität, Bochum. Zugriff am 14.11.2020. Verfügbar unter: http://www.sportwissenschaft.rub.de/mam/traiwi/lehre/pruefungen/klausuren/konditionstraining_ausdauer.pdf

MacPherson, R., (2020) *How to lose weight and keep it off in a healthy, effective way*. Zugriff am 14.11.2020. Verfügbar unter: https://www.insider.com/how-to-lose-weight-and-keep-it-off

Vlatsas,S., (2015) *Kardiovaskuläre Effekte eines aeroben versus eines isometrischen Trainings bei arterieller Hypertonie*. Medizinische Fakultät Charité–Universitätsmedizin Berlin, Berlin

6 Abbildungs- und Tabellenverzeichnis

6.1 Abbildungsverzeichnis

6.2 Tabellenverzeichnis